Norbert Golluch

Der gefährliche Tiger

Das chinesische Horoskop

Illustriert
von Bir

Eichborn.

Die deutsche Bibliothek – CIP-Einheitsaufnahme

Golluch, Norbert:
Das chinesische Horoskop / Norbert Golluch. Ill. von Birgit
Tanck. - Frankfurt am Main : Eichborn.
Der gefährliche Tiger. - 1994
ISBN 3-8218-3362-9

Umschlaggestaltung:
Heike Unger, KGB • Kölner Graphik Büro
Satz und Layout: M. Röhle, KGB • Kölner Graphik Büro
Druck und Bindung: Uhl, Radolfzell
ISBN 3-8218-3362-9
Verlagsverzeichnis schickt gern:
Eichborn Verlag, Kaiserstr. 66, D-60329 Frankfurt am Main

1956	*Feuer*	Affe	12. Feb. 1956	- 30. Jan. 1957
1957	*Feuer*	Hahn	31. Jan. 1957	- 17. Feb. 1958
1958	*Erde*	Hund	18. Feb. 1958	- 7. Feb. 1959
1959	*Erde*	Schwein	8. Feb. 1959	- 27. Jan. 1960
1960	*Metall*	Ratte	28. Jan. 1960	- 14. Feb. 1961
1961	*Metall*	Büffel	15. Feb. 1961	- 4. Feb. 1962
1962	*Wasser*	Tiger	5. Feb. 1962	- 24. Jan. 1963
1963	*Wasser*	Katze	25. Jan. 1963	- 12. Feb. 1964
1964	*Holz*	Drache	13. Feb. 1964	- 1. Feb. 1965
1965	*Holz*	Schlange	2. Feb. 1965	- 20. Jan. 1966
1966	*Feuer*	Pferd	21. Jan. 1966	- 8. Feb. 1967
1967	*Feuer*	Ziege	9. Feb. 1967	- 29. Jan. 1968
1968	*Erde*	Affe	30. Jan. 1968	- 16. Feb. 1969
1969	*Erde*	Hahn	17. Feb. 1969	- 5. Feb. 1970
1970	*Metall*	Hund	6. Feb. 1970	- 26. Jan. 1971
1971	*Metall*	Schwein	27. Jan. 1971	- 14. Feb. 1972
1972	*Wasser*	Ratte	15. Feb. 1972	- 2. Feb. 1973
1973	*Wasser*	Büffel	3. Feb. 1973	- 22. Jan. 1974
1974	*Holz*	Tiger	23. Jan. 1974	- 10. Feb. 1975
1975	*Holz*	Katze	11. Feb. 1975	- 30. Jan. 1976
1976	*Feuer*	Drache	31. Jan. 1976	- 17. Feb. 1977
1977	*Feuer*	Schlange	18. Feb. 1977	- 6. Feb. 1978
1978	*Erde*	Pferd	7. Feb. 1978	- 27. Jan. 1979
1979	*Erde*	Ziege	28. Jan. 1979	- 15. Feb. 1980
1980	*Metall*	Affe	16. Feb. 1980	- 4. Feb. 1981
1981	*Metall*	Hahn	5. Feb. 1981	- 24. Jan. 1982
1982	*Wasser*	Hund	25. Jan. 1982	- 12. Feb. 1983
1983	*Wasser*	Schwein	13. Feb. 1983	- 1. Feb. 1984
1984	*Holz*	Ratte	2. Feb. 1984	- 19. Feb. 1985
1985	*Holz*	Büffel	20. Feb. 1985	- 8. Feb. 1986
1986	*Feuer*	Tiger	9. Feb. 1986	- 28. Jan. 1987
1987	*Feuer*	Katze	29. Jan. 1987	- 16. Feb. 1988
1988	*Erde*	Drache	17. Feb. 1988	- 5. Feb. 1989
1989	*Erde*	Schlange	6. Feb. 1989	- 26. Jan. 1990
1990	*Metall*	Pferd	27. Jan. 1990	- 14. Feb. 1991
1991	*Metall*	Ziege	15. Feb. 1991	- 3. Feb. 1992
1992	*Wasser*	Affe	4. Feb. 1992	- 22. Jan. 1993
1993	*Wasser*	Hahn	23. Jan. 1993	- 9. Feb. 1994
1994	*Holz*	Hund	10. Feb. 1994	- 30. Jan. 1995
1995	*Holz*	Schwein	31. Jan. 1995	- 18. Feb. 1996
1996	*Feuer*	Ratte	19. Feb. 1996	- 6. Feb. 1997
1997	*Feuer*	Büffel	7. Feb. 1997	- 27. Jan. 1998
1998	*Erde*	Tiger	28. Jan. 1998	- 15. Feb. 1999
1999	*Erde*	Katze	16. Feb. 1999	- 4. Feb. 2000
2000	*Metall*	Drache	5. Feb. 2000	- 23. Jan. 2001
2001	*Metall*	Schlange	24. Jan. 2001	- 11. Feb. 2002
2002	*Wasser*	Pferd	12. Feb. 2002	- 31. Jan. 2003
2003	*Wasser*	Ziege	1. Feb. 2003	- 19. Feb. 2004
2004	*Holz*	Affe	20. Feb. 2004	- 8. Feb. 2005
2005	*Holz*	Hahn	9. Feb. 2005	- 28. Jan. 2006

INHALTSVERZEICHNIS

KOMM, SONNE,
LASS IN DEN TAG UNS SPRINGEN!
LASS UM DIE GUNST DES
PUBLIKUMS UNS RINGEN,
INDEM WIR NIE GETANE
WERKE TUN
UND LEBENSFREUDE
TRINKEN.

DER TIGER

Ohne die Bewunderung seiner Mitmenschen fühlt der Tiger sich leer und allein. Dennoch glaubt er, selbst das Zentrum des Universums zu sein oder zumindest sein Motor. Seine Kraft würde ausreichen...

DER TIGER IM FERNEN OSTEN

Chinesischer Name	: Hu
Energie	: Yang (Tag, positiv)
Element	: Holz
Die Stunden des Tigers	: 3.00 Uhr - 5.00 Uhr
Das Motto	: Ich gewinne!
Himmelsrichtung	: Ostnordost
Monat/Jahreszeit	: Februar/Winter
Farbe	: dunkelblau
Duft	: Jasmin
Geschmack	: süß
Gewürz	: Zimt
Baum	: Sycamore
Edelstein	: Rubin
Metall	: Gold
Glückszahl	: sieben
Glückstier	: Tiger
Glückspflanze	: Thymian
Ideale Partner	: Schwein, Hund, Pferd
Der westliche Gefährte	: Wassermann

DIE MONDJAHRE DES TIGERS

Element	von	bis
Metall	17.2.1950	5.2.1951
Wasser	5.2.1962	24.1.1963
Holz	23.1.1974	10.2.1975
Feuer	9.2.1986	28.1.1987
Erde	31.1.1938	18.2.1939
Metall	17.2.1950	5.2.1951
Wasser	5.2.1962	24.1.1963
Holz	23.1.1974	10.2.1975

DAS CHINESISCHE MONDHOROSKOP

Als Buddha seine körperliche Existenz aufgeben und die Erde verlassen wollte, rief er alle Lebewesen zu sich, um Abschied zu nehmen. Aber nur zwölf Tiere kamen, und um diese Getreuen zu belohnen, übergab Buddha jedem von ihnen die Herrschaft über ein ganz besonderes Königreich: Jedes Tier sollte künftig ein Mondjahr regieren. Denn der chinesische Kalender, der älteste der Menschheit, ist ein Mondkalender. Seither gebieten die zwölf Tiere über die Jahre und das Leben der Menschen:

Die erfolgreiche Ratte
Der zuverlässige Büffel
Der gefährliche Tiger
Die anschmiegsame Katze
Der unerschrockene Drache
Die verführerische Schlange
Das eigensinnige Pferd
Die freundliche Ziege
Der heitere Affe
Der ausdauernde Hahn
Der aufregende Hund
Das bodenständige Schwein

Jeweils fünf Zwölf-Jahres-Kreisläufe, die nacheinander von den Elementen Holz, Feuer, Erde, Metall und Wasser beeinflußt werden, fügen sich zu einem 60-Jahres-Zyklus zusammen.

DER TIGER UND DIE ELEMENTE

Fünf Elemente wirken auf die Mondjahre und damit auf das Leben aller Menschen. Es sind dies Metall, Wasser, Holz, Feuer und Erde. Ihre Einflüsse „färben" die Charakterzüge der Tierzeichen, verringern deren Stärke, gleichen sie vollständig aus oder verstärken bestimmte, im Tierzeichen angelegte Eigenschaften stark. Die fünf Elemente üben zudem auf unterschiedliche Weise Wirkungen aufeinander aus. Dabei gibt es eine sanfte, ableitende Wirkung und eine starke, beherrschende.

METALL - HART, ABER SPRÖDE

In einem Jahr mit Metalleinfluß geborene Menschen werden stark und charakterfest sein. Sie vertreten feste Ansichten, geben sich ebenso energisch wie strebsam und vollbringen, ausdauernd, wie sie sind, auch höchste Anstrengungen. Metall-Menschen gehen unbeirrbar ihren Weg und sind von Schwierigkeiten und Behinderungen nicht aufzuhalten. Ihr Denken und Handeln richtet sich immer auf ein lohnendes Ziel. Zäh

bleiben sie an der Sache und führen diese zu Ende - wenn sie dabei nicht die Einflüsse ihres Tierzeichens behindern.
Aus der Stärke des Elements Metall erwachsen jedoch auch negative Einflüsse: Starr halten Metall-Menschen an einmal gewonnenen Positionen fest. Auf notwendige Veränderungen reagieren sie wenig flexibel und neigen dazu, ihre Meinungen dogmatisch und unnachgiebig zu vertreten. Doch Vorsicht! Hartes ist häufig spröde und zerbricht unter zu großer Belastung!
Metall-Menschen versuchen ihr Leben mit detailgenauer Planung in den Griff zu bekommen. Ihr ausgeprägter Sinn für materielle Werte und ihre Tendenz zu Macht beschert ihnen Wohlstand, möglicherweise sogar Überfluß. Sie bezahlen dafür mit Einsamkeit: Menschen unter Metalleinfluß sind häufig Einzelgänger und können Hilfe und Unterstützung von anderen nur schwer annehmen.

Wechselwirkungen

Metall formt Gefäße, die das Wasser auffangen und für die Menschen und Pflanzen bereithalten.
Metall schneidet das Holz, und eine Axt aus Metall fällt den stärksten Baum.

Sympathischer Prahlhans: Metall-Tiger

(1890 - 1950 - 2010)

Ein fanatisch freiheitsliebender Tiger, wie er im Buche steht: beweglich, angriffslustig und heißblütig. Und mit der Begabung ausgestattet, seine Leistungen immer ins richtige Licht zu rücken, wobei er jedoch meist ein wenig übertreibt. Seine Erwartungen an das Leben sind übersteigert, und auch Geduld ist nicht seine Stärke. Er geht Aufgaben mit überraschender Geradlinigkeit an und schreckt auch vor extremen Lösungen nicht zurück. Leider ist er in seinen Einschätzungen und Bewertungen sehr leicht zu beeinflussen, so daß man ihn nicht als starken Charakter bezeichnen kann. Ob er arbeitet, ist allerdings bei diesem Tiger auch eine Stimmungsfrage. Nur wenn ihn seine Kollegen oder der Chef persönlich bei Laune halten, bringt er richtig Leistung.

Wasser - sanft und stark

Wasser-Menschen sind mitteilsam und kontaktfreudig. Sie verstehen es, ihre Einstellungen und Ansichten anderen nicht nur durch Worte, sondern auch durch Gesten und weitere Ausdrucksformen der Körpersprache nahezubringen. Ihre Intuition und ihr Gespür für natürliche Abläufe (fließendes Wasser!) und Entwicklungen befähigt sie, ihre Umwelt für sich arbeiten zu lassen. Ihre ruhige Art, Einfluß zu nehmen, tut ein übriges: Wasser-Menschen werden die Fähigkeiten anderer für sich nutzen können.
Auf ihre Umwelt reagieren unter Wasser-Einfluß stehende Menschen offen und flexibel. Doch genau darin liegt auch ihre Schwäche: Sie vermeiden Konflikte, gehen lieber den Weg des geringsten Widerstandes und beschwichtigen häufig dort, wo Auseinander-

setzungen geführt sein wollen. Zudem neigen sie hin und wieder zur Passivität und lassen sich lieber treiben, als selbst aktiv zu werden - wenn die Einflüsse ihres Tierzeichens nicht in eine andere Richtung wirken. Im Regelfall jedoch wirkt dieses Element positiv. Die sanfte, aber wirkungsvolle Kraft des Wassers ermüdet nicht und vollbringt, langsam, aber stetig, unerwartete Dinge: Sie kann förmlich Berge versetzen.

Wechselwirkungen

Wasser fällt als Regen herab und läßt Pflanzen wachsen. Es erzeugt also Holz. Wasser siegt über das Feuer, denn es kann die Flammen auslöschen.

Mit gebremstem Temperament: Der Wasser-Tiger

(1902 - 1962 - 2022)

Ein sanfter Tiger, der durch die ruhige Kraft des Wassers an langfristiger Durchsetzungskraft und Einfühlungsvermögen gewinnt. Er hat ein exzellentes Gespür für die Regungen und Wünsche anderer Menschen. Neuerungen steht er stets wohlgesonnen gegenüber und er beherrscht es auch, die dadurch verursachten Veränderungen anderen zu vermitteln. Seine ausgeprägten Geistesgaben befähigen ihn zu bewunderungswürdigen Leistungen, sein im Vergleich zu anderen

Tigern kalkulierbareres Wesen macht ihn im Alltag umgänglicher.

Holz - lebendig und verwurzelt

Holz-Menschen stehen in der Welt wie ein Baum: selbstsicher und voller Festigkeit. Ihre Wurzeln sind dauerhafte moralische Werte. Dennoch müssen sie nicht als steife Tugendwächter gelten: Ihre Neugier auf alles Unbekannte und ihre Befähigung zu freundlichem Umgang mit anderen machen sie zu beliebten und wertvollen Zeitgenossen. Probleme lösen sich in ihrer Nähe förmlich in nichts auf, denn Holz-Menschen analysieren messerscharf und finden immer einen gangbaren Lösungsweg. Diese beneidenswerte Klarsichtigkeit erlaubt es ihnen, auch in großen Vorhaben den Überblick zu behalten. Als Freunde ungebremsten Wachstums und stetiger Erneuerung können sie zudem Ideen vermitteln und sinnvoll umsetzen. Diese Begabung, gepaart mit einer Anlage zur einfühlsamen Menschenführung, läßt sie für hohe Positionen in Beruf und Politik geeignet erscheinen. Zudem Holz-Menschen stehen selten auf einsamem Posten. Mit ihrer Überzeugungskraft und ihrem Optimismus gewinnen sie schnell Verbündete.

Die für Holz-Menschen typischen Gefahren: Die Neigung, alles auf die Spitze zu treiben, raubt ihnen oft unnötig viel Energie. Wenn sie - selten genug - ihre Möglichkeiten überschätzen, versagen sie völlig und reagieren kopflos - wenn nicht die Energien ihres Tierzeichens dem entgegenwirken.

Wechselwirkungen

Holz nährt das Feuer. Ohne Holz kann das Feuer nicht existieren. Holz hält die Erde mit seinen Wurzeln fest und entnimmt ihr, was es zum Wachstum braucht.

Chaos-Connector: Der Holz-Tiger

(1914 - 1974 - 2034)

Ordnung ist nicht seine Stärke, und sein wechselhaftes Wesen äußert sich in seinen immer neuen Vorhaben und Ansichten. Dabei sind seine Wertungen für andere Menschen schwer zu verstehen, denn häufig stellt er Lapalien oder lächerliche Äußerlichkeiten ins Zentrum seiner Bestrebungen. Das alles bringt ihm den Ruf ein, wechselhaft, oberflächlich und ohne jeden Tiefgang zu leben. Die Stärken dieses Tigers liegen auf einem anderen Gebiet: Mit Hilfe seiner ausgeprägten sozialen Begabung gewinnt er leicht Freunde, die er auch bald zu seinen Mitstreitern macht. Er trennt sich aber auch sehr leicht von Personen, die seinen Interessen im Wege stehen. Der Holz-Tiger beherrscht die Kunst, Verbindungen zu knüpfen und wieder aufzulösen, wie kein anderer Tiger. Dieser gute Ansatz für eine Arbeit im Team wird aber von Stolz und Eitelkeit des Tigers behindert, denn er erträgt Kritik ebensowenig wie Mißerfolge.

Feuer - heiss und zerstörerisch

Mit Entschlußkraft und Souveränität treten Feuer-Menschen der Welt gegenüber. Energisch, erfolgsorientiert und -gewohnt, stellen sie häufig den Alleinherrscher in Person dar. Dabei sind sie weder Hochstapler noch Wichtigtuer: Hinter ihrer Erscheinung steht Substanz. Feuer-Menschen zeichnen sich tatsächlich durch ihre Führungsbefähigung aus. Brillant im Intellekt und durchdrungen von glühender Begeisterung bei der Verwirklichung von neuen Ideen, schreiten sie unverzüglich zur Tat - und reißen ihre Mitmenschen mit sich. Besonders empfängliche Personen machen sie vielleicht gar zu Fanatikern.

Ihre Abenteuerlust und ihr Vergnügen an Neuerungen nimmt auf Bestehendes wenig Rücksicht. Im Gegenteil: Feuer-Menschen lieben das Wagnis. Ständig sind sie unterwegs zu neuen, unbekannten Ufern, begleitet von ihren Anhängern, Jüngern und Gefolgsleuten, die sie einfallsreich und geschickt dirigieren. Es bereitet ihnen keine Mühe, Macht auszuüben.

Die Schattenseiten: Feuer-Menschen neigen zu Egoismus und verlieren die Relationen im Umgang mit anderen Menschen. Deren Meinung zählt nur wenig -

schon läuft der Alleinherscher, zwar gewarnt, in eine Falle. Ihre Ungeduld, die Neigung zu Intoleranz und blindem Draufgängertum, ihre Rücksichtslosigkeit werden glücklicherweise meist von den Kräften des Tierzeichens im Zaum gehalten. Verstärken sich jedoch die Einflüsse des Elements Feuer und die Energien des Tierzeichens, kann sogar die Gefahr roher Gewaltanwendung bestehen. Feuer-Menschen können sehr destruktiv sein, wenn nichts ihre Energien zügelt.

Wechselwirkungen

Feuer verwandelt alles in Asche, also in Erde. Es beherrscht das Metall. Das Feuer kann Metall schmelzen und schmiedbar machen.

Raubtier-Power: Der Feuer-Tiger

(1866 - 1926 - 1986)

Der Kosmos kreist um sein Ego, und er beherrscht die Kunst, andere zu seinen Satelitten zu machen. Für diesen beeindruckenden Tiger mit Führer-Qualitäten wird die Welt zum Vergnügungspark, und seine ungezügelten Energien mischen seine Umwelt und alle Menschen darin gehörig auf. Dabei läßt ihn sein manchmal schon irrwitziger Optimismus auch über Leichen gehen. Die Spur verbrannter Erde, die er bei gescheiterten Unternehmungen hinter sich läßt, bemerkt er gar nicht. Wenn er loslegt, wackeln die Wände und zaghaftere Gemüter suchen Schutz. Leider sind seine ungebärdigen Kräfte nur schwer zu steuern oder im Dienste einer Sache einzusetzen, weil das unkonventionelle und rebellische Wesen des Feuer-Tigers dies vereitelt. Das schwächt seine Wirkung, und mancher zu laute

Bühneneffekt, den er sich leistet, entlarvt ihn als Papiertiger.

Erde - auf Nummer sicher

Erde-Menschen gelten als intelligent und um Objektivität bemüht. Sie sehen das Leben aus dem praktischen Blickwinkel, tragen gern und zuverlässig Verantwortung und bewältigen sowohl den Alltag als auch Extremsituationen überaus diszipliniert. Ihre ausgezeichnete Befähigung zu logischem Denken nutzen sie konsequent: Sie konzentrieren ihre Energien auf solide Arbeit und verläßliche Projekte. Nein, Spieler sind sie nicht, eher zuverlässige Arbeiter, aber auch perfekte Planer und Organisatoren. Ihr guter Sinn für das Materielle kombiniert mit der Befähigung, Entscheidungen nach gründlichem Abwägen zu treffen, bewahrt sie davor, sich aufs Glatteis zu begeben. Sie wählen lieber den üblichen, sicheren Weg, der dennoch zu guten Ergebnissen führt. Vom Wesen her auf Beständigkeit bedacht, neigen Erde-Menschen nicht zu Übertreibungen, sondern sehen die Dinge ungeschönt und realistisch.
Darin liegt auch die Gefahr dieses elementaren Einflusses: Erde-Menschen müssen sich mangelnden Einfallsreichtum, fehlende Spontaneität und übertriebe-

nes Sicherheitsdenken vorwerfen lassen. Im alltäglichen Umgang bewähren sie sich als berechenbare und zuverlässige Partner.

Wechselwirkungen:

Aus der Erde stammen die Erze, aus denen Metall entsteht. Erde zwingt Wasser in eine Bahn, Dämme und Deiche bremsen seine Gewalt.

Exzentrischer Spiesser: Der Erd-Tiger

(1878 - 1938 - 1998)

Der „vernünftige“ Vertreter dieses Zeichens setzt mehr auf die Kräfte des Verstandes als andere Tiger. Er sieht eher auf die Substanz einer Sache als auf ihren äußerlichen Effekt und kann auch komplexe Abläufe sicher bewerten, ohne zu tigertypischen und übereilten Fehlschlüssen zu gelangen. Auch bleibt er bei der Stange, wenn es einmal hart auf hart geht und wird nicht ungeduldig. Seine Emotionen treten hinter Verstandesentscheidungen zurück; er denkt nach, bevor er Entscheidungen trifft, ein für Tiger untypisches Verhalten. Auch hütet er sich davor, unsicheres Neuland zu betreten und dort zu scheitern. Lieber agiert er auf eigenem Terrain und heimst dort einen Erfolg nach dem anderen ein.

Hat er Erfolg, bricht sich der Tiger Bahn. Exzentrische Selbstdarstellung und zur Schau gestellte Absonderlichkeiten erreichen aber nie den Stellenwert, den sie bei anderen Tigern annehmen. Dazu ist er viel zu abhängig von Anerkennung und gesellschaftlichem Rang, als daß er diese durch überzogene Radikalismen gefährden würde. Andere Tiger, eher Avantgardisten, würden ihn zum Spießbürger ihres Zeichen küren.

DAS WESTLICHE BILD DES TIGERS

Das Outfit

Tiger achten auf ihr Äußeres. Sie wissen immer, was modisch en vogue ist und kleiden sich entsprechend, ohne jedoch sklavisch vorgeschriebenen Trends zu folgen. Das widerspräche ihrer rücksichtslos individualistischen Lebensauffassung. Sie legen aber deutlichen Wert auf ihr Aussehen. Kritiker behaupten, Tiger-Frauen seien genau der Typ Eva, der vor dem vollen Kleiderschrank unausgesetzt jammere, er habe nichts anzuziehen. Tiger-Männer sind nicht weniger eitel.

Das Auftreten

In wenigen Worten gesagt: dramatisch, laut und immer mitten im Scheinwerferlicht. Neben dem Tiger verblassen zahlreiche andere Zeichen - oder heben sich positiv von ihm ab.

Das Verkehrsmittel

In der Stadt sollten Tiger ausschließlich Taxi fahren. Leider lieben Tiger aber große und vor allem PS-starke Autos. Sitzen sie selbst am Steuer, dann gnade uns Gott. Tiger sind nämlich geborene Hasardeure, immer in Eile und ohne jede Einsicht in geltende Verkehrsregeln. Sie reagieren so spontan und unberechenbar, daß jeder sonstige Verkehrsteilnehmer das Weite suchen sollte.

Der Computer

Wenn Tiger überhaupt ein Rechnersystem bedienen können, so ist dies meist ein intuitiver Macintosh, allenfalls ein Amiga oder ein Atari. DOS-Rechner finden Tiger unzumutbar, weil es einer gehörigen Portion technischen Verstandes bedarf, sie zwischen zwei Abstürzen zu kurzzeitiger Funktion zu überreden. Echte Computerfans sind Tiger nur dann, wenn ihnen das Gerät Möglichkeiten zur Selbstdarstellung bietet - also eher selten.

Der Techno-Hit

Das technische Lieblingsgerät des Tigers ist - wie könnte es anders sein - der Fön. Nur mit Hilfe dieses elektrischen Wunderwerks kann er seine Mähne angemessen präsentieren.

Der Lieblingsfilm

Es liegt auf der Hand - diesen Platz kann nur „Der Tiger von Eschnapur" einnehmen, obwohl der Tiger in dem Streifen ja ziemlich schlecht wegkommt. Weitere Favoriten: „Der Tiger zieht los", „Der Tiger von New York" und insbesondere für Wasser-Tiger: „Der Tiger-Hai" (Regie: Howard Hawks).

TV - Der Tiger vor der Kiste

Exaltierte Alleinunterhalter Typ „Mary“ oder „Liberace“ verleiten den Tiger zu Identifikationsübungen. Ansonsten sind Tiger zum Fernsehen oft viel zu energiegeladen. Nur sehr müde Tiger sitzen längere Zeit vor der Glotze und sehen sich Leidenschaftsdramen wie etwa „Das Schweigen“ an. Kein Hit in Tiger-Kreisen: jene aus Tigersicht höchst abgeschmackte Kraftstoff-Werbung, bei der der Tiger in den Tank gepackt werden sollte.

Das Lieblingsbuch

Ideale Werke sind alle Romane, in denen die tragischen Helden zu ungeahnten Höhen der Leidenschaft aufsteigen und auf theatralische Weise wieder fallen. Beispiel: „Die Leiden des jungen Werther“, der „Faust“ oder der „Götz von Berlichingen“. Letzterer mit besonderem Nachdruck. Ebenfalls immer ein Treffer: gedruckter Humor. Die 24bändige Heinz-Erhardt-Ausgabe darf im Tiger-Haushalt ebensowenig fehlen wie Kishons Gesammelte Werke. Ungeeignet: Bücher, welche den Verstand strapazieren und dem Gefühl nur wenig Nahrung bieten, z.B. das Telefonbuch oder das Bürgerliche Gesetzbuch. Vermutlich werden wegen der Abneigung gegen dieses Druckwerk nur so wenige Tiger Anwälte oder Richter.

Jet oder Fahrrad? Das Urlaubsziel

Wenn Tiger reisen, dann nur King Size. Die Pullman-Limousine, der Luxusliner, der Erste-Klasse-Jet wären adäquate Fortbewegungsmittel, vom Selbstwertgefühl her. Leider kollidiert dieses Bedürfnis jedoch mit dem

Hang des Tigers zu unbedingter Spontanität. Da Pullman-Limousinen nicht an jeder Ecke stehen, nimmt der Tiger meist, was gerade zu haben ist.
Zweitens: Tiger mit Kreditkarte unternehmen gern spontane Flugreisen: Frühstück bei Tiffany's, Carneval in Rio, Borschtsch in Moskau... Das kostet!

Das Vorbild

ist er selbst. Angehörige anderer Zeichen kommen nicht in Frage. Weshalb also lange suchen? Das ideale Vorbild schaut dich an, Tiger, wenn du in den Spiegel schaust! Doch halt: ein literarisch-satirisches Vorbild könnte es geben, das auch die selbstverliebte Raubkatze akzeptiert: Chefsatiriker Kurt Tucholsky, der sich auch Theobald Tiger nannte.

Es gibt Menschen, die Fische fangen,
und solche, die nur das Wasser trüben.

Kraftpaket mit vielen Macken

DAS WESEN DES TIGERS

Gefährlich oder Windbeutel? Der erste Eindruck

Wer zum ersten Mal einem Tiger begegnet, reagiert zwiespältig: Ist er denn nun wirklich so bedeutend, wie er tut? Oder habe ich nur einen miesen Angeber oder Hochstapler vor mir, der seine Rolle nicht besonders gut spielt und viel zu dick aufträgt? Erst mit der Zeit wird dem Gegenüber der Raubkatze klar: Es ist von beidem etwas vorhanden - großer Räuber und Papiertiger.

Leidenschaft, die Leiden schafft

DER CHARAKTER DES TIGERS

Tiger-Menschen sind wie ihr tierisches Vorbild: wild, leidenschaftlich und stark.

Tiger besitzen ein ausgeprägtes Ich-Gefühl, das keinerlei Verletzungen duldet. Schon kleine Sticheleien gegen seine Person bringen einen Tiger-Menschen in Wut. Schlimmer noch empfindet er es, wenn man ihm nicht den Platz gewährt, der ihm gebührt. Wenn Sie einen Tiger tief kränken wollen, ignorieren Sie ihn!

Tiger-Menschen brauchen Macht, und sie genießen es, Macht zu besitzen. Doch sie sind keine kühlen Denker oder geschickt kalkulierende Strategen. Ihr ebenso rebellisches wie unberechenbares Wesen läßt sie zu einem Unsicherheitsfaktor für all ihre Mitmenschen werden. Daß sie auch einem Streit nicht aus dem Wege gehen, sondern eher als enthusiastische und couragierte Kämpfer für ihre Sache eintreten, macht sie zu Mitmenschen, die im Alltagsleben einige Probleme verursachen können.

Doch diese Eigenschaft hat auch eine positive Kehrseite: Die dynamische Individualität des Tigers entfacht auch im Alltagstrott aus dem Stand geschäftige Aktivität. Seine Leidenschaftlichkeit und sein Schwung wirken infektiös wie eine Tropenkrankheit, seine Lebenslust breitet sich aus wie die Schockwelle einer fernen Detonation. Im zentralen Erregungspunkt der Welle sonnt sich der Tiger in der allgemeinen Aufmerksamkeit. Er liebt es sehr, wenn alle Augen auf ihn gerichtet sind.

In seinem innersten Wesen ebenso ruhe- wie bedenkenlos, drängt es den Tiger ständig zu Betriebsamkeit. Dabei verhält er sich nicht zimperlich, wenn seine Planungen hinfällig werden. In einer negativen Form der Flexibilität, nämlich voller Wankelmut, sucht er nach neuen Lösungswegen, statt eine einmal eingeschlagene Richtung beizubehalten. Eilige Entscheidungen ohne konkrete Tatsachengrundlagen können seiner Lebensplanung ein gewaltiges Katastrophenpotential hinzufügen. Doch das berührt den Tiger nicht wirklich: Seine Liebe zur Gefahr befähigt ihn, sich in einer feindlichen, sich ständig wandelnden Umwelt sicher zu bewegen. Leider kann es zu diesem Überlebensverhalten auch gehören, für eine Weile abzuwarten, während die Katastrophe ihren Lauf nimmt. Kritiker des Tigers nennen diese Strategie Unentschlossenheit.

Tiger sind Gefühlsmenschen. Das Gefühlsleben des Tigers ist ausgeprägt und stark. Gewöhnlich bringt er seiner Umwelt warme Empfindungen entgegen und reagiert feinfühlig und teilnehmend auf seine Mitmenschen. Wenn seine häßliche Seite dominiert, zeigt der Tiger sich eigensinnig, töricht und als ausgeprägter Egozentriker.

Verstand, Folgerichtigkeit und Logik sagen ihnen wenig, denn sie leben aus dem Bauch heraus. Auch mit wissenschaftlichen Ergebnissen und Gesetzen wissen Tiger nicht umzugehen. Auch diese Eigenschaft schränkt ihre Kalkulierbarkeit ein. Tiger können eben nicht sehr zuverlässig sein, weil zu gefühlsbetonte Menschen einer Angelegenheit auch schon einmal eine ungeahnte Wendung geben können.

Tiger bringen alle Voraussetzungen mit, ein bewegtes Leben zu führen, prall gefüllt mit Gefühlen aller Art. Auch wenn es Tiger zwischen Freudentränen und tiefer Verzweiflung hin und herreißt, bleiben sie stets optimistisch.

Die chinesischen Aszendenten:

DER EINFLUSS DER GEBURTSSTUNDE

Wie der Aszendent im Sonnen-Horoskop, so nimmt der Weggefährte im chinesischen Horoskop eine wichtige Rolle ein. Auch er wird bestimmt durch die Geburtsstunde. Der Einfluß des Weggefährten auf ein Tierzeichen kann sehr stark und prägend sein. Besonders die aktive oder passive Qualität der Tierzeichen wirkt beim Weggefährten mit und bestimmt, ob ein Mensch seinem Lebenslauf eher erduldend oder handelnd gegenübersteht:

Ratte	aktiv	23.00 Uhr - 1.00 Uhr
Büffel	*passiv*	1.00 Uhr - 3.00 Uhr
Tiger	aktiv	3.00 Uhr - 5.00 Uhr
Katze	*passiv*	5.00 Uhr - 7.00 Uhr
Drache	aktiv	7.00 Uhr - 9.00 Uhr
Schlange	*passiv*	9.00 Uhr - 11.00 Uhr
Pferd	aktiv	11.00 Uhr - 13.00 Uhr
Ziege	*passiv*	13.00 Uhr - 15.00 Uhr
Affe	aktiv	15.00 Uhr - 17.00 Uhr
Hahn	*passiv*	17.00 Uhr - 19.00 Uhr
Hund	aktiv	19.00 Uhr - 21.00 Uhr
Schwein	*passiv*	21.00 Uhr - 23.00 Uhr

Auf die Begleitung kommt es an!

Der Tiger und seine Weggefährten

Geburtsstunde 23.00 Uhr - 1.00 Uhr

Weggefährte Ratte

Hier wirken sich die sparsamen und mäßigenden Eigenschaften der Ratte positiv aus. Doch machen sie die verschwenderischen Attribute des Tigers allenfalls erträglicher, und das sowohl in finanzieller als auch in emotionaler Hinsicht. Für einen Tiger entwickelt dieser übrigens ein bemerkenswertes Harmoniebedürfnis und kann auch einmal ein bis zwei Stündchen im Kreise der Famile ertragen.

Geburtsstunde 1.00 Uhr - 3.00 Uhr

Weggefährte Büffel

Ein weiterer Tiger mit einem Beruhigungsmittel im Blut: Der Büffel-Tiger geht die Dinge gelassener an als seine Verwandten und kann sogar ein gewisses Phlegma entwickeln. Wenn er jedoch aus der Ruhe gebracht wird, äußert er seinen Unmut deutlich. Katastrophal enden Konflikte, denn in seiner Wut ist der Büffel-Tiger fürchterbar!

Geburtsstunde 3.00 Uhr - 5.00 Uhr

Weggefährte Tiger

Doppeltiger gefährden die Menschheit in ihrem Fortbestand und sollten verboten werden. Da sie aber nun einmal da sind, müssen gewisse Vorsichtsmaßnahmen beachtet werden. Maulkorb anlegen und die Krallen schneiden! Und passen Sie auf, wo Sie hintreten, ahnungslose Mitmenschen: Tiger-Tiger gehen schneller hoch als eine Tellermine und explodieren mit vernichtender Wucht! Na, übertreiben wir mal nicht. Anders und etwas positiver gesagt: Mit einm Doppeltiger im Haus wird es Ihnen nie langweilig!

Geburtsstunde 5.00 Uhr - 7.00 Uhr

Weggefährte Katze

Auch hier nur ein gradueller Unterschied zum Durchschnittstiger. Die Hauskatze zähmt das Raubtier ein wenig, aber auch Katzen lassen ja das Mausen nicht. Immerhin nimmt dieser Tiger ein handlicheres Format an und kann auch im A lltag ertragen werden. Glanzpunkte: sein Sinn für Heiterkeit und häusliche Feste.

Geburtsstunde 7.00 Uhr - 9.00 Uhr

Weggefährte Drache

Dieser Tiger baut sich selbst seine Statue, denn nichts bewundert er mehr als sein gewaltiges Ich. Er weiß immer, wo es langgeht, und wer ihm folgt, erleidet keinen Schaden - zumeist. Wenn jedoch der Leichtsinn des Tigers und die Tollkühnheit des Drachens ein Bündnis eingehen, schreckt der Drachen-Tiger vor keinem Abgrund zurück. Positiv: ein großmütiger und zuverlässiger Freund.

Geburtsstunde 9.00 Uhr - 11.00 Uhr

Weggefährte Schlange

Der Schlangen-Tiger gewinnt an Durchhaltevermögen und seelischer Tiefe, wenn in seiner Person die Schlange dominiert. Außerdem kann er sein angeberisches Plappermaul ein wenig besser im Zaum halten als der Durchschnittstiger. Ergänzen sich beide Zeichen negativ und die selbstgerechte, herrschsüchtige und anmaßend gebieterische Art der Schlange bricht sich Bahn, so entsteht eine Person, die - salopp gesagt - nicht allzu viele Fans hat.

Geburtsstunde 11.00 Uhr - 13.00 Uhr

Weggefährte Pferd

Rechnen Sie nicht allzu sicher mit den Zusagen des Pferde-Tigers! Pferd und Tiger haben beide nur zu gern die Nase im Wind. Zwar kann das pragmatische Pferd Pluspunkte auf dem Konto Alltagsbewältigung verbuchen und Entscheidungen auf eine solide Verstandesbasis stellen, aber summasummarum kommt noch immer kein Musterknabe dabei heraus. Zu wild reagieren beide Zeichen auf die Verlockungen dieser Welt. Wer mag auch schon Musterknaben...

Geburtsstunde 13.00 Uhr - 15.00 Uhr

Weggefährte Ziege

Auf den ersten Blick scheinen schöngeistige und ruhige Aspekte dieser Person prägend, aber unter der Oberfläche lauert, gut getarnt, noch immer die Raubkatze. Zu den ohnehin ausreichend vorhandenen Negativeigenschaften des Tigers fügt die Ziege noch massive Anfälle kapriziöser Selbstsucht und vor allem ausdauernde Eifersucht hinzu. Gut wenigstens, daß Krisen vom Ziegen-Tiger nicht immer mit Angriff, sondern manchmal auch durch Rückzug gelöst werden.

Geburtsstunde 15.00 Uhr - 17.00 Uhr

Weggefährte Affe

Als Einzelpersonen eher feindlich gesinnt, vereinen sich im Affen-Tiger zwei Zeichen zu ungeahnter Effektivität. Der Affe fügt der unbändigen Kraft des Tigers eine gehörige Portion Verstand und Erfindungsreichtum hinzu, was den Tiger beweglicher und weniger angriffslustig macht, da er sich nicht so oft in die Enge gedrängt fühlt. Ein solches Ein-Personen-Team muß Erfolg haben! Der Affen-Tiger kann ihn genießen, denn beide Zeichen sind liebevolle Selbstdarsteller.

Geburtsstunde 17.00 Uhr - 19.00 Uhr

Weggefährte Hahn

Alles in einer Person: Verstandesmeer umspült Gefühlsgebirge , die wandelnde Katastrophe trifft auf den Retter in der Not. Dazu das Doppel-Ego des Hahnen-Tigers, das auf die Bühne der Ereignisse drängt und sich Gehör verschaffen will. Mit dem Selbstbewußtsein dieses geborenen Provinzpolitikers haben die Mitmenschen so ihre Probleme. Immerhin bewirkt der Verstandeseinfluß des Hahnes, daß der Tiger nicht mehr völlig unkalkulierbar handelt. Auch der unterentwikkelte Sinn des Tigers für materielle Werte erfährt deutliche Förderung.

Geburtsstunde 19.00 Uhr - 21.00 Uhr

Weggefährte Hund

Hund und (Raub-)Katze vertragen sich in dieser Person recht gut und bilden ein starkes Paar. Der gesunde Menschenverstand des Hundes bremst die unsinnigen

Höhenflüge des Tigers oder holt ihn zumindest auf den Boden der Tatsachen herab, nachdem er bereits aufs Maul gefallen ist. Gewalttätigkeiten tatsächlicher Art wird sich dieser Tiger verkneifen, doch macht sich seine angestaute Aggression häufig verbal Luft. Seltene Eigenschaften im Zeichen Tiger, die hier zu finden sind: Der Hunde-Tiger entwickelt, wenn auch nur in Ansätzen, Pflichtgefühl und reagiert manches Mal - man höre und staune - ein wenig ängstlich auf die Welt! Allerdings nur, wenn der Weggefährte Hund dominiert.

Geburtsstunde 21.00 Uhr - 23.00 Uhr

Weggefährte Schwein

Der netteste Tiger, der das Zusammenleben mit Familie und Freunden genießen kann und spontan Freude und Zufriedenheit zeigt, wenn es ihm gutgeht. Vielleicht steckt ein großer Liebhaber und Lebemann im Schweine-Tiger? Auch den Freuden der Tafel gegenüber zeigt er sich weniger gleichgültig als andere Tiger. Nur in der Krise kehrt er aggressivere Seiten hervor und zeigt auch mal Zähne und Krallen, wenn er sich bedrängt fühlt.

Wo bitte, bleibt mein Publikum?

TIGER UND IHRE MITMENSCHEN

Tiger sind sehr soziale Wesen. Eigentlich fällt es Tiger-Menschen schwer, anderen Menschen zu vertrauen. Doch ihre Gefühle brechen sich unaufhaltsam Bahn. Aufbrausend bricht Wut hervor, und angestauter Ärger verschafft sich schon zu einem Zeitpunkt ein Ventil, an dem Menschen anderer Zeichen ihn noch lange für sich behalten würden. Auch positive Emotionen drängen nach außen, und Tiger-Menschen besitzen einige davon. Sie gelten als ebenso offenherzig wie zärtlich. Zudem sind sie als freigebig und hochherzig bekannt. Dazu beeindruckt ihr wirklich umwerfender Sinn für Humor.

In jedem Tiger verbirgt sich ein Philanthrop, ein Menschenfreund, wie man ihn sonst selten trifft. Tiger lieben ihre Mitmenschen, ob sie nun acht oder achtzig Jahre alt sind, wenn diese Gefühlregungen in ihnen zu wecken verstehen.

Bezaubernd und mit dem strahlendsten Lächeln erledigen Tiger-Frauen als Gastgeberinnen ihre häuslichen und gesellschaftlichen Pflichten. Sie würden es jedoch vorziehen, wenn ihnen diese anstrengenden Tätigkeiten ein angemessen großer Stab von Hauspersonal abnehmen würde.

Im Affekt oder wenn sie von einer Sache überzeugt sind, können Tiger zu überzeugenden Rednern werden, die es sogar verstehen, die Massen mitzureißen.

Laster, Lust und Leidenschaft

TIGER UND DIE LIEBE

Im Grunde ihres Herzens sind Tiger-Menschen Phantasten und Schwärmer. Das führt dazu, daß sie ein lebendiges und abenteuerliches Liebesleben entwickeln. Verspielt umschleichen sie potentielle Partner, attakkieren sie leidenschaftlich und überzeugen sie mit sentimentalen Liebesschwüren oder gestammelten Geständnissen. Wir haben Casanova und Romeo vor uns - in einer Person.

Affären und Liebeserlebnisse suchen romantisch veranlagte Tiger mit Vorliebe in Paris, während umweltbewußte die fernen Regionen unberührter Natur zur Bühne ihrer Liebestaten zu machen suchen.

Die Tiger-Fau wirkt überaus attraktiv - wenn sie will. Voller Leben und absolut hinreißend wickelt sie Männer um den kleinen Finger, die ihr Interesse gefunden haben. Tiger-Frauen sind wie ihre männlichen Partner Raubkatzen. Auch wenn sie hin und wieder das schnurrende Kätzchen mimen, sollten ihre Mitmenschen die Krallen und Zähne nicht aus den Augen lassen - sie sind scharf.

Da alle Ereignisse im Liebesleben von Tigermenschen gefühlsbeladen vor sich gehen, nimmt auch ein Zwist dramatische Formen an. Die Eifersucht des Tigers ist bühnenreif, sein übertriebener Besitzanspruch könnte auch ein Hollywood-Epos berreichern. Der Krach, den ein Tiger-Mensch im Falle eines Seitensprungs vom Zaune bricht, hat sich gewaschen.

Was Tiger jedoch nicht daran hindert, selbst in fremden Dschungeln herumzuwildern. Man könnte sogar sagen, daß *Seitensprung* die absolute Lieblingssportart im Zeichen Tiger ist.

Menschenliebe ist das Wesen der Sittlichkeit,
Menschenkenntnis das Wesen der Weisheit.
Konfuzius

Beziehungskisten

TIGER UND IHRE PARTNER

Die zwölf möglichen Kombinationen

Abstossungsreaktion: Tiger - Ratte

Wie kann die Ratte jemals einen derart aufgeblasenen Typen wie den Tiger akzeptieren? Leidenschaft? Überbordende Gefühle?
Was soll die Ratte damit anfangen wenn weder der Familiensinn noch das ausgeprägt materielle Denken der Ratte beim Tiger ihre Entsprechung finden? Dazu seine selbstverliebte Art. Nein, die Ratte kann ihm schon einiges zeigen - zum Beispiel die kalte Schulter. Oder wo der Zimmermann das Loch gelassen hat. Der Tiger seinerseits hält das Verhalten der Ratte für Haarspalten und Erbsenzählen.
Keine Annäherung: Nastassja Kinski (Ratte) und Konrad Duden (Tiger)

Nicht kompatibel: Tiger - Büffel

Zwei extreme Welten: Hier der hektische Rebell,dort der satte Spießbürger - was soll das schon werden. Klar, in seinen geheimsten Träumen möchte der Büffel vielleicht auch einmal so unglaublich leichtsinnig und rücksichtslos radikal sein wie der Tiger, aber bei Licht betrachtet ist ihm sein Heim und sein Bankkonto lie-

ber. Der Tiger würde schlichtweg eingehen, wenn er sich nach der Lebensplanung des Büffels zu verhalten hätte.
Freiheitsdrang kontra Schrankwand: Klaus Kinski (Tiger) und Margaret Thatcher (Büffel)

Nur kein Blutvergiessen: Tiger - Tiger

Paßt gleiches zu gleichem? Wenn Toleranz zu den Eigenschaften des Tigers gehörte vielleicht. Stattdessen nerven sich die beiden bis aufs Blut, weil jeder dem anderen beweisen will, daß er der größere Idiot... pardon, Individualist ist. Empfindlichkeiten, Krach, Feez, Dauerstreß sind angesagt, und wenn die Tiger nicht auch die Eigenschaft besäßen, über sich selbst zu lachen, sähe es finster aus. So versöhnen sie sich auch hin und wieder - was ihnen sichtlichen Spaß bereitet. Aber Tiger stehen ja auf Action und leben aus dem Vollen. Allerdings meist mit leerem Konto...

Volles Programm: Marilyn Monroe und Charles de Gaulle (beide Tiger)

Katze aus dem Sack: Tiger - Katze

Diese beiden verhalten sich exakt wie Hauskatze und wildes Raubtier. Während der Tiger ungebändigt und wild durch den Dschungel fetzt, sieht die zahme Hauskatze ihre Welt als geordneten Garten an, den es zu pflegen und zu erhalten gilt. Dabei stört sie der Tiger - den sie ja eigentlich recht anziehend findet - durch seine ungezügelte Natur. Die Liebesnächte sind ein Traum, aber... Nirgends kann sie mit ihm hingehen, ohne aufzufallen! Immer muß er gleich im Mittelpunkt des allgemeinen Interesses stehen, was sie in keiner Weise mag. Und der Tiger? Vernascht das Kätzchen, lacht über ihre kleinliche Weltsicht und wendet sich neuen Abenteuern zu.
Kurzaffäre, aber nicht mehr: Tina Turner (Tiger) und Feldmarschall Rommel (Katze)

Wer ist der Boss? Tiger - Drache

Wenn die beiden Energiebündel zusammenfinden, steht nach verflogenem ersten Liebesrausch vor allem eine Frage im Raum: Wer ist hier der Boß? Und während der Drache seine Führerschaft argumentativ durchzusetzen versucht, versucht der Tiger, durch Taten Tatsachen zu schaffen. Entspannung des dauernden Kampfes bringt nur ein gemeinsamer Feind, der von den innerpartnerschaftlichen Konflikten ablenkt. Zwei Heißsporne, die nur dann miteinander auskommen, wenn sie ein übergeordnetes Ziel haben oder genügend Rückzugsgebiete vorhanden sind.

Um die Hackordnung kämpfen: Ludwig van Beethoven (Tiger) und Shirley Temple (Drache)

Spionagezentrale: Tiger - Schlange

Sie mißtrauen nicht nur der ganzen Welt, sondern vor allem einander: Wie kann man sich auch auf einen Tiger verlassen, fragt sich die Schlange. Und umgekehrt unterstellt ihr der Tiger finstere Machenschaften. Ergebnis: Jeder behält den anderen fest im Auge und bespitzelt ihn womöglich. Bis es einem von beiden stinkt und der große Krach kommt. Weitere Sollbruchstellen: Der Tiger ist der Schlange viel zu laut und vor allem zu flach. Ein wenig Tiefe und philosophischer Hintergrund würzt jede Liebesbeziehung, meint die Schlange, während dem Tiger die hübsche Oberfläche lieber ist. Genauer gesagt: viele hübsche Oberflächen...
Spion und Spion: Greta Garbo (Schlange) und Karl May (Tiger)

Traumpaar: Tiger - Pferd

Was könnte den Tiger auf die rechte Bahn bringen? Ein Partner, der seine Marotten dulden kann und ihn dennoch attraktiv findet. Zudem muß dieser Partner selbst noch so ungewöhnlich und verlockend sein, daß dem Tiger nicht nach kurzer Zeit die Lust vergeht. Es gibt diesen Partner: Es ist das Pferd. Voller Heiterkeit und Tatkraft gehen die beiden ihr gemeinsames Leben an, dessen Basis ihre leidenschaftliche Liebesbeziehung ist. Der Erfolg ist ihnen sicher, denn das Pferd lenkt die unbändige Kraft des Tigers in effektive Bahnen, während der Tiger dem tiefen Bedürfnis des Pferdes nach emotionaler Wärme Nahrung gibt.

Im Liebesparadies: Hugh Hefner (Playboy-Tiger) und Janis Joplin (Pferd)

Klotz am Bein: Tiger - Ziege

Sie hängt an ihrem starken Tiger wie eine Klette, und es ist nur seiner Energie zu verdanken, daß er diesen Zustand für eine Weile erträgt. Nein, der Tiger träumt von einem aktiven, selbständigen Partner, der ihm das Wasser - oder besser den Wein - reichen kann. Irgendwie sieht er die Ziege eher als graues Mäuschen, das in seiner zurückhaltenden Art in seinem Schatten verschwindet. Wobei er viele ihrer positiven Eigenschaften übersieht, denn die Ziege ist freundlich, sanft, ehrlich... Aber so sind Tiger nun einmal: laut und unsensibel - würde die Ziege sagen.
Kontaktgestört: William Hurt (Tiger) und Isabelle Adjani (Ziege)

Grabenkrieg: Tiger - Affe

Zwei starke Zeichen, die sich manches Mal gegenseitig die Wurst vom Brot nehmen wollen. Es ärgert den Tiger maßlos, wenn er in die geschickt gestellten Fal-

len des Affen tappt, dessen Klugheit und Gerissenheit er wenig entgegenzusetzen hat. Seine Demonstrationen der Stärke imponieren dem Affen nämlich gar nicht. Der Affe kann es nicht dulden, vom Tiger kaltgestellt zu werden, wenn dieser alle Aufmerksamkeit der Außenwelt für sich beansprucht. Sollte es zu einer erotischen Attraktion zwischen beiden kommen, so liegen sie sich schon nach kurzer Zeit in befestigten Stellungen gegenüber und schleudern sich Schimpfworte entgegen.
Im Sperrfeuer: Geraldine Chaplin (Affe) und Phil Collins (Tiger)

Megaflop: Tiger - Hahn

Man sollte annehmen, daß diese beiden dynamischen Zeichen sich hervorragend ergänzen. Doch was beim Tiger mit dem Weggefährten Hahn in einer Person bestens funktioniert, stößt bei der Paarbildung auf massivste Probleme. Der wache Verstand des Hahnes sieht das Benehmen des Tigers mit viel zu kritischen Augen, als daß er es einfach so hinnehmen könnte. Schließlich durchschaut er ja die Fassade und weiß, welche Absichten dahinterstecken. Wie auch bei anderen Zeichen, versucht der Hahn, den Tiger in seine Richtung zu lenken und zumindest zu beeinflussen, was dieser als Mißbilligung seiner Person begreift. Auch empfindet der Tiger die anspruchslose Art des Hahnes als aufgesetzt und würde lieber mit einem Zeichen leben, das wie er die lustvolle Verschwendung auf seine Fahnen geschrieben hat. Auch mag der Tiger die durchdachten Strategien des Hahnes nicht, weil diese ihn in seiner Spontanität einschränken.
Voll auf Konfrontation: Bette Midler (Hahn) und Miles Davis (Tiger)

An der langen Leine: Tiger - Hund

Nicht abzustreiten: Der Tiger kommt mit dem nüchternen und sachlichen Hund bestens zurecht. Doch beruht diese Harmonie vornehmlich auf den ausgleichenden und vermittelnden Qualitäten des Hundes. Die Mischung aus Altruismus und Pflichtgefühl, mit der der Hund den Tiger betrachtet, erlaubt diesem so manche Extravaganz. Kurios: Der Hund führt den Tiger an der langen Leine. Selbst seine Seitensprünge sieht der Hund dem Tiger nach. Er braucht das, denkt der Hund, oder: er kann ja nichts dafür. So manches Mal wetzt der Hund mit Verstand und Pragmatismus die Scharten aus, welche der Tiger in seiner unüberlegten Art geschlagen hat. Der Hund profitiert in dieser Beziehung vor allem in einem Punkt. Er fühlt, daß ihn jemand braucht. Und er liebt die leidenschaftliche Art des Tigers.
Am Gängelband: Brigitte Bardot (Hund) und Rudolf Nurejew (Tiger)

Lustlawinen: Tiger - Schwein

Eine auf den ersten Blick unsymmetrische Beziehung: Das gutherzige und naive Schwein durchschaut den Tiger in vielen Handlungen nicht und kann ihn eben deshalb ertragen. Aber so naiv kann doch nicht einmal ein Schwein sein! Richtig. Denn die Beziehung der beiden hat eine andere Grundlage: Beider Sinnlichkeit

schwingt in bemerkenswerter Weise in gleicher Phase. Im Bett geht dermaßen die Post ab! Auch sonst verstehen es beide, Sinnenfreuden zu genießen. Nachteil: Es entstehen schwarze Löcher in der gemeinsamen Kasse, weil auch immer Gäste an der gemeinsamen Tafel mitessen...
Immer auf dem Höhepunkt: Romy Schneider (Tiger) und Boris Karloff (Schwein)

Mami, Papi und die lieben Kleinen

VIEL LIEBE AUS DEM BAUCH HERAUS

Kaum zu glauben: Tiger verstehen es ausgezeichnet, ihre Kinder zu erziehen. Dabei ist „kopfige" pädagogische Theorie nicht ihre Sache. Sie handeln aus ihrer reichen Gefühlswelt heraus und tun intuitiv stets das Richtige. Ihre warme Ausstrahlung besänftigt und beruhigt Kinder, und nur ein Tiger-Vater kann mit seinen lustigen Geschichten erreichen, daß sein Kind mit so einem Lächeln einschläft.
Noch verblüffender: Tiger, die selbst als Erwachsene so manche Regel brechen und von Konventionen nicht viel zu halten scheinen, schaffen es tatsächlich, ihren Kindern gutes Benehmen beizubringen. Dabei bedienen sie sich nicht, wie etwa die Angehörigen der „spießigeren" Zeichen, fragwürdiger Dressurmethoden, sondern appellieren an Einsicht und natürliches Empfinden ihrer Kinder.
Einziger Mangel eines Tiger-Elternteils: Als Vorbild taugt er nur begrenzt. Denn wenn man harte Maßstäbe an die Lebensweise eines Tigers anlegt, muß man sich schon fragen, ob imitierendes Lernen in diesem Falle angebracht wäre.

Das Leben des Menschen ist
wie eine Kerze im Wind.

Unsterblich oder uneinsichtig?

DIE GESUNDHEIT DER TIGER

Um einem Arzt jede Illusion zu rauben: Tiger halten sich für unsterblich. An Krankheiten oder körperliche Verschleißerscheinungen denken sie nicht. Sie glauben, für immer und ewig in absoluter Topform bleiben zu können.

Sie tun zugleich alles, um sich körperlich zu ruinieren.

Tiger sind so gut wie immer in Hektik, und sie lieben es über alle Maßen, gestreßt durch den Tag zu hetzen. Sie finden zu wenig Schlaf und Erholung, und es gibt nicht wenige Tiger, die eigentlich immer todmüde sind.

Um die Belange ihres Körpers kümmern sich Tiger nur anfallsartig. Sie bevorzugen Instant-Methoden und Sofortmaßnahmen. Ein Tiger, der zu dick ist, nimmt in zwei Wochen 20 Kilo ab - und danach in einer 25 zu. Nachdem sie jahrelang keinen Finger gerührt haben, nehmen sie am 125-Kilometer-Volkslauf teil oder stemmen zentnerschwere Gewichte. Wenn sie nicht auf dem Siegertreppchen landen oder augenblicklich starke Muskelschwellungen zu beobachten sind, verlieren sie das Interesse an sportlicher Betätigung. Tiger brauchen Siege - und zwar sofort.

Und sie sind Einzelkämpfer. Mannschaftssportarten oder Training in einer Gruppe kommen für sie nicht in Frage - es sei denn, sie wären der Anführer. Statt dessen trainieren sich manche Tiger im Kraftstudio die Seele aus dem Leib oder machen Liegestütze, bis ihnen die Sinne schwinden. Ob dieses Verhalten gesund zu nennen ist, muß wohl kaum diskutiert werden.

Einsicht in ihre körperliche Begrenztheit fehlt ihnen nahezu vollständig. Erst am Rande eines Nervenzusammenbruchs bemerken sie, daß sie ihrem Körper und ihrem Nervenkostüm wohl zu viel zugemutet haben.

Weitere Angriffe auf die Gesundheit: Zahnverfall (fehlende Pflege), Kopfschmerz (Streß und Hektik), Herz- und Kreislaufkrankheiten (Zigaretten, Kaffee, Aufputschmittel), Suchtkrankheiten (Beruhigungsmittel), Allergien (Nervenschwäche), Krämpfe (Anspannung) und sogar Krebs (bei dem Lebenswandel!).

Ein letzter, aber keinesfalls unwichtiger tiger-typischer Gefahrenpunkt: Unfälle.
Hektisch und ungezügelt, wie Tiger nun einmal sind, rennen sie gegen Glasscheiben, springen aus dem Fenster, statt die Tür zu benutzen, stürzen beim Wechseln einer Glühbirne von provisorischen Leitern oder schießen sich selbst ins Knie, wenn sie eigentlich auf Entenjagd sind. Ein Segen, daß ihr geradezu sagenhaftes Glück sie vor ernsteren Folgen bewahrt. Tiger gehen

aus Katastrophen mit ein paar Kratzern an der Nase hervor oder brechen sich bei einem Frontalzusammenstoß mit 240 km/h den kleinen Finger. Beneidenswert!

Die Gesundheitstips für Tiger:

1. Immer mit der Ruhe!
2. Langfristige Strategien beachten!
3. Nehmen Sie Ihren Körper ernst! Nicht alle Menschen, die zum Arzt gehen, sind Hypochonder!

Wenn du unaufhörlich gibst,
wirst du unaufhörlich nehmen.
(Chinesisches Sprichwort)

Go, where the action is!

WIE DER TIGER AM BESTEN SEIN GLÜCK FINDET

Tiger suchen die Bewegung, das Abenteuer und die Veränderung. Nur wenn er das Gefühl hat, die Dinge voranzutreiben, fühlt ein Tiger sich wohl. Auch kann sein ruheloser Geist ohne Stimulation nicht existieren. Tiger sind die Menschen, die mit Fachliteratur aufs Klo gehen und im Urlaub nur am Strand zur Ruhe kommen, wenn das Funktelefon neben ihnen bereitliegt.

Inmitten einer großen Freude
soll man nichts versprechen.

Lass den Tiger aus dem Tank!

WAS DEM TIGER DEN WEG ZUM GLÜCK VERSPERRT

Auf Einschränkungen oder Reglementierungen aller Art reagieren Tiger äußerst negativ. Sie hassen es, wenn jemand mit Erwartungen an sie herantritt oder sie auf Forderungen und Abmachungen festlegt. In enthusiastischen Zuständen versprechen Tiger viel, aber es nervt sie ungemein, wenn jemand die versprochenen Leistungen einfordert.

Wie eine Primel gehen Tiger ein, wenn sie mit anderen Menschen über einen Kamm geschoren werden. Als Massenmensch ist der Tiger nur ein Schatten seiner selbst und eignet sich nicht einmal als Hauskatze.

Alles Geld der Welt ist nicht so viel wert
wie zur rechten Stunde ein Becher besten Weines.

Da stöhnt das Konto und der Bänker wundert sich

TIGER UND DAS GELD

Tiger lieben den spontanen Genuß. Geld ist ihnen dabei nur Mittel zum Zweck, und sie bewerten nicht erbsenzählerisch die Summen, die ihnen dabei durch die Hände rinnen. Geld stellt in ihren Augen keinen Wert an sich dar - man hat es eben oder auch nicht.
Tiefe Löcher in die Kasse des Tigers reißt seine Begeisterungsfähigkeit. Wenn der Tiger den neuen Sportwagen im Prospekt sieht, ist er so überwältigt, daß er ihn sofort bestellt, auch wenn er sein Konto bis zum Anschlag überzieht. Ebenso kennt die Tigerdame keine finanziellen Hemmungen, wenn ihr ein Diamantkollier ins Auge sticht. Dazu kommt, daß viele der als warmherzig geltenden Tiger auch gern helfen und immer ein offenes Ohr für die Wünsche ihrer Freunde haben - und eine offene Geldbörse.

Die einzige Rettung gegen diese verschwenderische Lebensweise des Tigers ist sein einfach unglaubliches Glück. Vermutlich hätten bereits 90% aller Tiger im Alter von 30 Jahren ihren ersten Offenbarungseid geleistet, würde nicht ein ihnen wohlgesonnenes Schicksal immer wieder für finanziellen Nachschub sorgen.

Tiger erlangen und verschwenden Vermögen, sie erben, gewinnen in der Lotterie, finden ganze Geldsäcke, deren Inhalt sie in Nullkommanix unter die Leute bringen. Dennoch sind sie nur selten wirklich pleite.

Faule Leute wollen alles auf einmal schaffen.

Hals über Kopf ins Drunter und Drüber

TIGER IM BERUF

Herausragende berufliche Eigenschaft des Tigers ist sein überschäumender Enthusiasmus. Geradezu mit messianischem Sendungsbewußtsein verkaufen Tiger in der Werbung neue Tütensuppen oder überaus unentbehrliche Kosmetika. Ihre Begeisterung schwappt förmlich auf ihre Arbeitsergebnisse über. Hier liegt auch das Hauptbetätigungsfeld für Tiger: Als Verkäufer oder Werbemensch kann er erfolgreich sein, solange ihn nicht das Interesse verläßt.

Besonders Wasser-Tiger eignen sich vorzüglich für Berufe in PR oder Werbung. Hindernis: die mangelnde Teamfähigkeit mancher Tiger. Holz-Tiger sollten als Fernsehredakteuere, Manager einer Rockband oder Leiter einer Künstleragentur arbeiten. Feuer-Tigern bleibt eigentlich nur der Weg ins Show-Busuness oder in die Politik. Erd-Tiger können, ihrer ruhigeren und besonneneren Grundhaltung wegen, vielerlei Berufe mit Publikumskontakt ergreifen (z.B. Börsenmakler, Bankkaufmann, leitender Angestellter oder Reiseleiter) und sind auch auf diesen unterschiedlichen Gebieten erfolgreich.

Wenn ein Tiger sich mit einer Aufgabe beschäftigt, verschlingt er diese mit Haut und Haaren, wie es die Aufgabe auch umgekehrt mit dem Tiger tut. Seine Konzentration ist perfekt, die Welt um ihn herum versinkt, bis getan ist, was getan werden muß. Tiger tun nie etwas halb, auch wenn der Weg bis zum Ziel hart ist. Wenn ein Tiger einmal damit begonnen hat, eine Firmas zu ruinieren, erledigt er dies auch bis zum bitteren Ende.

Ganz gleich wie aussichtslos eine Sache erscheint und wie niedergeschlagen der Tiger ist: aufgeben würde er niemals. Wie er allerdings eine Sache zu Ende bringt, darüber könnte er mit Angehörigen anderer Zeichen streiten. Ein Büffel würde sich auf keinen Fall die Umwege und Abkürzungen gestatten, die einen Tiger zu seinem Ziel führen. Und einem Hahn stünden die Federn zu Berge, wenn er die Irrationalitäten auszuhalten hätte, die den Weg eines Tigers bestimmen können.

Mit einem vollen Einstieg in ihre Karriere ist beim jungen Tiger nicht immer zu rechnen: Manche jungen Tiger suchen zuerst Erfahrungen in neuen Zusammenhängen, suchen Abenteuer und Wagnis, und machen sich erst wieder auf den Rückweg in „geordnete Verhältnisse", wenn sie diese Erfahrungen voll ausgekostet haben. Manche kehren nie aus ihren Wohngemeinschaften oder Landkommunen, ihren Hinterhof-Unternehmen oder Science-Fiction-Projekten zurück.

Dieser Hang zum Abenteuer findet Rückhalt in einer starken, stabilen Seele. Tiger sehen die Welt nicht nur optimistisch, sondern legen auch wenig Gewicht auf ein Leben in gesicherten materiellen Verhältnissen. Aber sie müssen sich an der Welt messen, ihre ganz persönliche Identität suchen und finden, und unternehmen letztlich alles, um die Anlagen ihrer Persönlichkeit zu verwirklichen. Den Karriereträumen ihrer Eltern schmeichelt dieses Verhalten nicht immer. Berufsabschlüsse bedeuten einem Tiger nicht viel, denn das Denken in Schablonen, wie es ein Tiger nennen würde, schreckt ihn ab.

Wenn ein Tiger sich aber entschlossen hat, im Berufsleben mitzumischen, geschieht dies mit großer Energie. Die erste Phase im Arbeitsleben des Tigers könnte die erfolgreichste und für ihn befriedigendste sein. Später könnten ihn zähe Kleinkriege und nur schwer zu erkämpfender Erfolg frustieren. Wenn es um die Erfüllung seiner Träume geht, setzt der Tiger auf Tempo. Mit Ausdauer erkämpfte Erfolge ermüden ihn meist zu sehr, als daß er sich an ihnen erfreuen könnte.

Wissen ist ein Schatz,
der seinen Besitzer
überallhin begleitet.

Ost und West im Alltagstest

KANN DER TIGER MIT DEM ZWILLING?

Wie wirken die Zeichen des chinesischen Mondkalenders mit den Tierkreiszeichen unseres Sonnenhoroskops zusammen? Was, wenn sich Tiger und Zwilling in einer Person vereinen? Die zwölf möglichen Kombinationen für das chinesische Zeichen Tiger:

Sprengkörper: Der Widder-Tiger

Die beiden überagilen Zeichen treffen sich zu einer Symbiose, die dem Rest der Welt die Haare zu Berge stehen läßt. Ist der Widder ruhelos, so findet der Tiger keinen Frieden. Reagiert der Tiger übereilt, so übertrifft ihn in diesem Punkt der Widder miot echten Wahnsinnsaktionen. Anfälle von Leidenschaft, Ekstase und Euphorie wechseln mit solchen von Wut, Empörung, Raserei und blindwütigigem Zorn ab. Nein, es mangelt dem Leben des Widder-Tigers keineswegs an Orgasmen jeder Art. Und nicht nur er liegt abgeschlafft in der Ecke, wenn wieder mal ein Anfall vorüber ist. Bleibt nur zu hoffen, daß die Elemente Wasser oder Erde dieses Energiebündel bremsen.

Symbiose: Der Stier-Tiger

Beide Zeichen gewinnen viel aus dieser Verbindung: Das gehörnte Rindvieh bringt Ruhe ins Leben des Tigers, ergänzt seine Leidenschaften durch Verstandesinteressen und ordnet nicht nur das soziale Zusammenleben (Familie!), sondern auch die Finanzen. Der Stier-Anteil der Persönlichkeit gewinnt an Humor und tritt seiner Umwelt ungewöhnlich offen und kontaktfreudig entgegen. Auch in erotischer Hinsicht zeigt sich der Stier-Tiger positiv: nicht so brandgefährlich wie der Tiger, aber auch nicht so dumpf wie der Stier vereinigt er beider kraftvolle Ausstrahlung zu einem neuen Ideal. Es ist anzunehmen, daß ihm die Welt erotisch zu Füßen liegt - wenn nicht die Elemente bremsen.

Knallfrosch: Der Zwillings-Tiger

Ein quirliger, lebensfroher, heiterer und wenig egoistischer Tiger mit überschäumend verbalem Bedürfnis. Seine Volksreden und Monologe sind gefürchtet, seine Einwürfe in ernsten Diskussionen machen Geschichte, denn er kann die Dinge rücksichtslos auf den Punkt bringen. Der Zwillings-Tiger ringt sein Leben lang um geistige Tiefe, die ihm aber lange verwehrt bleibt. Ruhe findet er nur in viel zu wenigen Stunden Schlaf und auf dem Friedhof. Doch bis er sich dort bettet, hat er unzählige Kilometer zurückgelegt, zahllose Freunde gefunden, Liebesnächte ohne Ende durchlebt und alle Geschwindigkeitsrekorde dieser Erde gebrochen.

Biedermann & Brandstifter: Der Krebs-Tiger

Ein gefühlsseliger Tiger, dem die romantische Tiefe in die Wiege gelegt ist. Er kann, anders als seine Kollegen, Ruhe und Frieden in der Einsamkeit finden und auch einmal über eine Sache nachdenken, bevor er sie aufmischt. Seine Emotionen durchschreiten tiefe Täler, erreichen aber auch für gewöhnliche Sterbliche fernab gelegene Höhen. Mit der Wärme, die er verströmt, könnte man einen Wohnblock heizen, und seine Menschenliebe strahlt in weitem Umkreis aus. Ein beliebter Tiger, dem seine Mitmenschen seine Extravaganzen nachsehen.

Energie im Doppelpack: Der Löwen-Tiger

Die Kräfte des Tierzeichens Löwe fügen der geballten Energie des Tigers die ihre hinzu und ergänzen sie um eine neue, majestätische Variante. Während der spontane Tiger nur sich selbst und seine Gefühle im Auge hat, bewertet der Löwe seine Wirkung auf das Publikum recht genau. Schau- und Schockeffekte nutzt der Löwen-Tiger bewußt, doch hinter der Maske gewaltiger Kraft regen sich vielfältige Gefühle, die durchaus auch edler und menschenfreundlicher Art sein können. Auf eines allerdings reagiert die Doppelraubkatze mit schierer Aggression: Wenn jemand versucht, ihr das angestammte Revier streitig zu machen.

Schrumpftiger: Der Jungfrau-Tiger

Wieder ein Tiger mit gebremstem Schaum, dessen ungestüme Art sich in geordnete Bahnen fügt. In sehr geordnete Bahnen. Für einen Tiger ist der Jungfrauen-Tiger überaus ordentlich und unauffälig gekleidet, und er imponiert eher durch seine brillant analysierenden Verstandesfähigkeiten, die vor allem in exzellenter Menschenkenntnis ihren Ausdruck finden. Allerdings sind seine Maßstäbe gegenüber seinen Freunden hoch. Wenn bei dieser Person der Jungfrauen-Einfluß zu stark wird, leidet die andere Seite der Person darunter und der Tiger fühlt sich in einem Verstandeskäfig gefangen. Lassen Sie ihn regelmäßig an die frische Luft der Gefühle!

Modell mit Wankelmotor: Der Waage-Tiger

Ein bemerkenswert liebenswürdiger Tiger, der kontaktfreudig und gefühlvoll auf seine Mitmenschen zugeht. Sein großes Problem: die Unschlüssigkeit. Bevor ein Waage-Tiger sich zum Kauf eines Paars Schuhe entschlossen hat, wechselt dreimal die Mode. Es nimmt manchmal schon kuriose Formen an, wenn der Waage-Tiger sich im Dschungel der Varianten verirrt. Einzige Hilfe: ein bodenständiger Elementeneinfluß (Erde) oder ein Partner, der genau weiß, wo es langgeht. Dennoch ist dieser Tiger als Feind nicht ungefährlich, weil die Unentschlossenheit augenblicklich schwindet, wenn die Aggression erwacht. Dann steht ihm die volle Fantasie der Waage und die ganze Kraft des Tigers zur Verfügung, um seine Gegner zu besiegen.

Räuber in der Finsternis: Der Skorpion-Tiger

Ein strahlender, erotisch überaus anziehender Tiger, der animalische Kraft und seelische Stärke verströmt. Die optimistischen und warmen Einflüsse des Tigers stehen dem Finsterling Skorpion gut, und der Tiger gewinnt aus der intellektuellen Begabung des Skorpions.

Erotisch wie karrieretechnisch eine perfekte Kombination! Vermutlich haben wir hier aber auch den gefährlichsten aller Tiger vor uns, denn hier arbeiten die finsteren Kräfte des Sternzeichens Skorpion und die Raubtierinstinkte des Tigers Pranke in Pranke. Wehe, wenn seine Eifersucht geweckt wird! Gnade Gott, wer seinen Rachedurst auf sich lenkt!

Immer direkt ins Schwarze: Der Schütze-Tiger

Ein in der Auffassungsgabe schneller Tiger, der sich nicht mit langen Einleitungen aufhält, wenn er etwas erreichen will. Seine Spontanität bekommt durch die Kräfte des Schützen ein Ziel. Diese direkte und unverblümte Art wirkt auf den ersten Blick wie Taktlosigkeit. Da er sich aber treu bleibt, begreift meist jeder, wen er vor sich hat: eine anziehende und beeindruckende Persönlichkeit. Schönheitsfehler: Seine belehrende Art gefällt seinen Mitmenschen nicht, aber man akzeptiert ihn, weil er ehrlich und rechtschaffen seinen Weg geht.

Gedoptes Steckenpferd: Der Steinbock-Tiger

Widersprüche über Widersprüche - der dynamische Rebell und der angepaßte Superbürger in einer Person? Kann das gutgehen? Immerhin werden die vulkanischen Eruptionen des Tigers seltener und seine unbändige Kraft nimmt eine Richtung an - meist in Richtung Acht-Stunden-Tag oder Dienst nach Vorschrift mit nachfolgendem Feierabend. Dort bricht dann der Hobbybastler und Briefmarkensammler hervor, der in jedem Steinbock steckt. Dieser behindert den Liebhaber und Casanova in jedem Tiger in der Ausführung lohnenderer Taten. Wenn Sie enthusiastische Bastler oder Sammler mit heißem Herzen mögen, ist der Steinbock-Tiger ihr Idealpartner!

Traum und Realität: Der Wassermann-Tiger

Der Kommunikationsfluß ist sein Hauptnahrungsmittel, und er bewegt sich im grauen Alltag, als sei dieser ein bunter Paradiesgarten. Er öffnet alle Türen und greift auch schon einmal zum illegalen Nachschlüssel, wenn ihm legale Wege verschlossen werden. Seine kuriosen Einfälle und Scherze sind bekannt und gefürchtet, und seine unkonventionellen Lösungen können begeistern. Er ist der Kopf hinter der Idee oder der Geist hinter der

Schönheit und sonnt sich in der Bewunderung seines Publikums. Allerdings kann er die Ovationen kaum genießen, weil er ständig zu neuen Ufern aufbricht und immer ausgefeilteren Utopien nachjagen muß. Das Verwunderlichste ist, daß er eine Vielzahl seiner Träume in die Tat umsetzt.

Feuchte Höhenflüge: Der Fische-Tiger

Ein weiteres Mal ergänzen sich zwei Zeichen: Der Tiger bekommt eine angenehme Beruhigungsspritze, während der Fisch von einer gehörigen Dosis Selbstsicherheit profitiert. Streitfälle werden seltener, und die sonst sehr tiefen, manchmal pharmakologisch unterstützten Traumreisen des Fisches verlaufen weniger intensiv. In Hinblick auf die Liebe gewinnt dieses Kombination besonders: Die Liebesfähigkeit des Fisches geht mit der Leidenschaft des Tigers eine perfekte Verbindung ein, und der Partner dieses Menschen wird erotische Paradiese erreichen.

DIE ZUKUNFT DES TIGERS

Was erwartet der Tiger in den herannahenden Jahren unter der Herrschaft der anderen Tierzeichen? Werfen Sie einen Blick weit hinaus in die Zeit und lesen Sie die Geheimnisse Ihrer Zukunft im kommenden Jahrzehnt:

IM JAHR DES HUNDES 1994 • 2006

Ein schweres Jahr für den Tiger, in dem er zwar keinen wirklichen Schaden erleiden wird, in dem er aber sehr mit „Gegenwind" zu kämpfen hat. Nur wenn er sich den Gegebenheiten unterwirft, kann er weiterkommen, und wenn Tiger etwas hassen, so ist dies Unterwerfung. Glücklicherweise stehen ihm einige vertraute Menschen zur Seite.

IM JAHR DES SCHWEINES 1995 • 2007

Es beginnt für den Tiger mit Saus und Braus, aus dem aber leicht Heulen und Zähneknirschen werden kann, wenn der Tiger seine verschwenderischen Triebe nicht im Zaum hält. Gewagte Geschäfte zur Rettung der angeschlagenen Finanzen gehen nämlich in diesem Jahr mit Vorliebe schief. Erotisch tun sich weite Ebenen der Erfahrung auf, und der Tiger kann wahre Gipfel der Lust erklimmen.

Im Jahr der Ratte 1996 · 2008

Alles viel zu klein-klein gedacht und auf Effektivität ausgerichtet - für den Tiger. Nur solide Unternehmungen haben wirkliche Erfolgsaussichten, und solide Tiger sind eben selten. Ein gutes Jahr für Familiengründungen und Nachwuchs, aber welcher Tiger denkt schon freiwillig an Familie?

Im Jahr des Büffels 1997 · 2009

Noch so ein anstrengendes Jahr, in dem die regelmäßigen Erfolge, die Tiger so dringend brauchen, auszubleiben scheinen. Nur mit viel Verstand ist diesem Jahr Vermögen abzuringen, und der Intellekt ist ja bei manchem Tiger eingerostet. Zudem kollidiert sein starker Wille mit dem Dickkopf des Büffels. Immerhin ereilen den Tiger auch keine Katastrophen- oder Verlustmeldungen und er freut sich bereits auf das kommende Jahr - sein Jahr!

Im Jahr des Tigers 1998 · 2010

Na prima, es ist geschafft: Tigerjahr und Tiger gesellen sich gern, alle fühlen sich wohl, auch wenn dabei unter dem Strich nicht viel herauskommt. Es geht dafür aber mächtig laut, gewaltig lustig und vor allem lustvoll zu, und der Tiger schnurrt vor Vergnügen. Eine echte Freundschaft rettet den Tiger in diesem Jahr vor schwerem Schaden und ein wenig bessere Zeiten stehen ins Haus.

Im Jahr der Katze 1999 · 2011

Zwar fallen noch immer keine Goldtaler für Sie vom Himmel, lieber Tiger, aber was Sie erreichen, bewerkstelligen Sie mit nur mäßigem Aufwand. Dieses wäre ein gutes Jahr für häusliches Glück oder schöpferische Pläne, doch an ersterem fehlt einem Tiger das Interesse, während es für letzeres in diesem Jahr manchem Tiger an Durchhaltevermögen mangelt.

Im Jahr des Drachen 2000 · 2012

Veränderungen stehen ins Haus, und im Jahr des Drachen drohen dem Reisenden Gefahren. Rechnen Sie außerdem mit einer Krise, aus der Sie nach einer Leidenszeit geläutert und erfrischt hervorgehen werden wie der Phönix aus der Aschentonne. Der Handlungsort dieser Störung kann sowohl auf erotischer als auch beruflicher Ebene angesiedelt sein. Warnung: Es droht Ebbe in der Kasse!

Im Jahr der Schlange 2001 · 2013

Kann man denn nie seine Ruhe haben? Zwar gehen die Geschäfte mäßig gut, wenn Sie sich vor allzu großen Risiken hüten, aber ein Freund, Verwandter oder gar Ihr Partner könnte aus der Reihe tanzen und die große Zuspitzung herbeiführen. Wenn es auch schwer ist: Reagieren Sie gelassen und überlegt - das Jahr der Schlange hat so manchen Trick auf Lager.

Im Jahr des Pferdes 2002 · 2014

Endlich kommt wieder Kies in die Kasse! Eine Erbschaft, ein Lotteriegewinn oder eine überraschende Rückzahlung füllen das Konto des Tigers möglicherweise mächtig auf. Dazu erfreuen (längst überfälliger) beruflicher Aufstieg und eine frohe Botschaft das große Herz des Tigers, der in diesem Jahr zudem das Verständnis seiner Mitmenschen genießen kann. Er wird sich im Jahr des Pferdes weniger einsam und eher als Gleicher unter Gleichen fühlen.

Im Jahr der Ziege 2003 · 2015

Der Himmel fällt ihm nicht auf den Kopf, aber die Widerstände wachsen, wenn der Tiger zuviel Energie in seine Vorhaben investiert. Je mehr er etwas will, desto schärfer bläst ihm der Wind ins Gesicht, und das sowohl im Beruf als auch im Privatleben. Ein langer Urlaub auf einer sonnigen Insel könnte ihn paradoxerweise um einiges reicher machen - auf jeden Fall wird er ausgeruhter zurückkehren und seine persönlichen Streitereien beilegen.

Im Jahr des Affen 2004 · 2016

Ein Jahr, das dem Tiger insgesamt feindlich gesinnt zu sein scheint: Nichts funktioniert locker und leicht, jeder winzige Krümel Erfolg will erkämpft werden. Die Gegner des Tigers arbeiten mit den gerissensten Winkelzügen, und je mehr der Tiger auf seine Kraft setzt, desto deutlicher gehen seine Schläge ins Leere. Mittelwege brächten ihn weiter, aber die zu gehen, haßt der Tiger. Er sollte das Jahr in geselligem Kreise oder auf Reisen verbringen und abwarten.

Im Jahr des Hahnes 2005 · 2017

Dramatisch türmen sich Gewitterwände am Horizont, Blitze zucken und Windböen wehen durch das Leben des Tigers - und plötzlich ist der Himmel wieder blau. Auch Gefahren, die im Dschungel zu lauern scheinen, müssen den Tiger nicht ängstigen. Schatten wirken oft größer als ihr Ursprung. Alltäglicher gesagt: Alles in Butter. Ziehen Sie getrost Ihren Streifen durch!

PROMINENTE TIGER

METALL

Ludwig van Beethoven - Komponist - 17.12.1770
Kurt Tucholsky - Satiriker - 9.1.1890
Stan Laurel - Schauspieler - 16.6.1890
Man Ray - Künstler - 27.8.1890
Dwight D. Eisenhower - US-Präsident -14.10.1890
Charles de Gaulle - Staatspräsident - 22.11.1890
Fritz Lang - Regisseur - 5.12.1890
William Hurt - Schauspieler - 20.3.1950
Peter Frampton - Rockmusiker - 22.4.1950
David Cassidy - Rockmusiker - 12.4.1950
Anne - Prinzessin - 15.8.1950
Phil Collins - Rockmusiker - 30.1.1951

FEUER

John Schlesinger - Regisseur - 16.2.1926
Garret Fitzgerald - Politiker - 9.2.1926
Siegfried Lenz - Schriftsteller - 17.3.1926
Jerry Lewis - Komiker - 16.3.1926
Queen Elizabeth II. - König - 21.4.1926
Hugh Hefner - Vater des „Playboy" - 9.4.1926
Miles Davis - Jazzmusiker - 25.5.1926
Marilyn Monroe - Schauspielerin - 1.6.1926
Klaus Kinski - Schauspieler - 18.10.1926
Maurice Béjart - Choreograph - 1.1.1927

ERDE

Karl Marx - Vater des Kommunismus - 5.5.1818
Emily Brontë - Schriftstellerin - 20.8.1818

Rudolf Nurejew - Tänzer & Choreograph - 17.3.1938
Isadora Duncan - Ausdruckstänzerin - 27.5.1878
Natalie Wood - Schauspielerin - 20.7.1938
Romy Schneider - "Sissy" - 23.9.1938
Buddy Holly - Rocksänger - 7.9.1938
Tina Turner - Rockröhre - 26.11.1938
Liv Ullmann - Schauspielerin - 16.12.1938

Wasser

Karl May - Schriftsteller - 25.2.1842
John Steinbeck - Schriftsteller - 27.2.1902
Max Ophüls - Regisseur - 6.5.1902
Tom Cruise - Schauspieler - 3.7.1962

Holz

Albert Einstein - Physiker - 14.3.1854
Oscar Wilde - Dramatiker - 16.10.1854
Arthur Rimbaud - Dichter - 20.10.1854
Sir Alec Guinness - Schauspieler - 2.4.1914
Marguerite Duras - Schriftstellerin - 4.4.1914
Pierre Balmain - Modeschöpfer - 18.5.1914
Dylan Thomas - Dichter - 27.10.1914
Richard Widmark - Schauspieler - 26.12.1914

1906	*Feuer*	Pferd	25. Jan. 1906 - 12. Feb. 1907
1907	*Feuer*	Ziege	13. Feb. 1907 - 2. Feb. 1908
1908	*Erde*	Affe	3. Feb. 1908 - 21. Jan. 1909
1909	*Erde*	Hahn	22. Jan. 1909 - 9. Feb. 1910
1910	*Metall*	Hund	10. Feb. 1910 - 29. Jan. 1911
1911	*Metall*	Schwein	30. Jan. 1911 - 17. Feb. 1912
1912	*Wasser*	Ratte	18. Feb. 1912 - 5. Feb. 1913
1913	*Wasser*	Büffel	6. Feb. 1913 - 25. Jan. 1914
1914	*Holz*	Tiger	26. Jan. 1914 - 13. Feb. 1915
1915	*Holz*	Katze	14. Feb. 1915 - 2. Feb. 1916
1916	*Feuer*	Drache	3. Feb. 1916 - 22. Jan. 1917
1917	*Feuer*	Schlange	23. Jan. 1917 - 10. Feb. 1918
1918	*Erde*	Pferd	11. Feb. 1918 - 31. Jan. 1919
1919	*Erde*	Ziege	1. Feb. 1919 - 19. Feb. 1920
1920	*Metall*	Affe	20. Feb. 1920 - 7. Feb. 1921
1921	*Metall*	Hahn	8. Feb. 1921 - 27. Jan. 1922
1922	*Wasser*	Hund	28. Jan. 1922 - 15. Feb. 1923
1923	*Wasser*	Schwein	16. Feb. 1923 - 4. Feb. 1924
1924	*Holz*	Ratte	5. Feb. 1924 - 23. Jan. 1925
1925	*Holz*	Büffel	24. Jan. 1925 - 12. Feb. 1926
1926	*Feuer*	Tiger	13. Feb. 1926 - 1. Feb. 1927
1927	*Feuer*	Katze	2. Feb. 1927 - 22. Jan. 1928
1928	*Erde*	Drache	23. Jan. 1928 - 9. Feb. 1929
1929	*Erde*	Schlange	10. Feb. 1929 - 29. Jan. 1930
1930	*Metall*	Pferd	30. Jan. 1930 - 16. Feb. 1931
1931	*Metall*	Ziege	17. Feb. 1931 - 5. Feb. 1932
1932	*Wasser*	Affe	6. Feb. 1932 - 25. Jan. 1933
1933	*Wasser*	Hahn	26. Jan. 1933 - 13. Feb. 1934
1934	*Holz*	Hund	14. Feb. 1934 - 3. Feb. 1935
1935	*Holz*	Schwein	4. Feb. 1935 - 23. Jan. 1936
1936	*Feuer*	Ratte	24. Jan. 1936 - 10. Feb. 1937
1937	*Feuer*	Büffel	11. Feb. 1937 - 30. Jan. 1938
1938	*Erde*	Tiger	31. Jan. 1938 - 18. Feb. 1939
1939	*Erde*	Katze	19. Feb. 1939 - 7. Feb. 1940
1940	*Metall*	Drache	8. Feb. 1940 - 26. Jan. 1941
1941	*Metall*	Schlange	27. Jan. 1941 - 14. Feb. 1942
1942	*Wasser*	Pferd	15. Feb. 1942 - 4. Feb. 1943
1943	*Wasser*	Ziege	5. Feb. 1943 - 24. Jan. 1944
1944	*Holz*	Affe	25. Jan. 1944 - 12. Feb. 1945
1945	*Holz*	Hahn	13. Feb. 1945 - 1. Feb. 1946
1946	*Feuer*	Hund	2. Feb. 1946 - 21. Jan. 1947
1947	*Feuer*	Schwein	22. Jan. 1947 - 9. Feb. 1948
1948	*Erde*	Ratte	10. Feb. 1948 - 28. Jan. 1949
1949	*Erde*	Büffel	29. Jan. 1949 - 16. Feb. 1950
1950	*Metall*	Tiger	17. Feb. 1950 - 5. Feb. 1951
1951	*Metall*	Katze	6. Feb. 1951 - 26. Jan. 1952
1952	*Wasser*	Drache	27. Jan. 1952 - 13. Feb. 1953
1953	*Wasser*	Schlange	14. Feb. 1953 - 2. Feb. 1954
1954	*Holz*	Pferd	3. Feb. 1954 - 23. Jan. 1955
1955	*Holz*	Ziege	24. Jan. 1955 - 11. Feb. 1956